포옹
위안과 치유의 시

포옹
위안과 치유의 시

초판 1쇄 발행 2024년 1월 31일

지은이 박상욱
펴낸이 장길수
펴낸곳 지식과감성#
출판등록 제2012-000081호

교정 김서아
디자인 윤혜성, 서혜인
편집 서혜인
검수 이주희, 정윤솔
마케팅 김윤길, 정은혜

주소 서울시 금천구 벚꽃로298 대륭포스트타워6차 1212호
전화 070-4651-3730~4
팩스 070-4325-7006
이메일 ksbookup@naver.com
홈페이지 www.knsbookup.com

ISBN 979-11-392-1586-1(03810)
값 15,000원

- 이 책의 판권은 지은이에게 있습니다.
- 이 책 내용의 전부 또는 일부를 재사용하려면 반드시 지은이의 서면 동의를 받아야 합니다.
- 잘못된 책은 구입하신 곳에서 바꾸어 드립니다.

지식과감성#
홈페이지 바로가기

포옹

위안과 치유의 시

박상욱 시집

지식감정

박상욱 시인

1985년 03월 19일 출생, 남.
자연과 꽃을 사랑하는 시인이며
많은 독자들의 마음에 위로를 준 시집 《위로 - 위안과 사랑의 시》의
저자이다. 얼굴 없는 시인으로 알려져 있으며
국민 가곡 〈님이 오시는지〉를 작시한 시인 박문호 선생의
손자이기도 하다.

블로그 ⋯ blog.naver.com/psw830502
메일 ⋯ psw830502@naver.com

시인의 말

나의 작은 글이 누군가의 마음에 작은 위로를 준다면
그것이 글의 까닭입니다.
두 번째 시집 《포옹 - 위안과 치유의 시》는
여러분들의 삶에 작은 불빛을 비춰 주는 희망의 시집이며
우리 모두의 시집입니다.

목차

시인의 말 5

1부
포옹

냉정하지 않기	20
잿빛으로 걸어가는 이에게	21
하루를 여는 사람들	22
노을빛이 내리는 퇴근길	24
나답게 살기	25
내일의 선물	26
퇴근길	27
대폿집의 문을 열고	28
가난한 여름날에	29
어여쁜 것만을	30
슬픔 그 뒤에 오는 슬픔	32
10초의 온기 포옹	33

작은 기도	34
지난날의 나에게	36
위로는 사랑으로 흐르고	37
작은 후회	38
별을 보라 찬란히도 빛나는 별들을	39
용서	40
어느 날 슬픔이 찾아왔다	41
나의 장애	42
봄의 빛	43
삶의 무게에 힘겨운 당신에게	44
두려움 그것은	46
내 영혼을 다독이는 말	47
작은 웃음에 행복은 스며들고	48
바보처럼	49
포옹	50
너무 잘하려고 애쓰지 않아도 돼요	51
순리대로 살기	52

괜찮아질 거예요	54
인생을 사랑한다면	55
상처	56
우리가 짊어진 무게	57
위대한 말	58
사람은 외롭다	59
따뜻한 차 한잔이 주는 위로	60
시간이 물었다	61
삶이 힘든 가운데에서도	62
다시 처음으로	63
무지개	64
죽음을 배우기	65
초록 들판에 내린 해 질 녘의 석양	66
우리의 눈물	68
어른이 된 우리는	69
해 질 무렵 내 발길은 집으로 향하여 걷네	70
늦은 밤에	71

2부

사랑

사랑만이	74
꽃	75
지친 오늘 하루를 안아 줄게요	76
꽃처럼	78
아이스크림과 꽃	79
어른들에게 바라는 점	80
초록빛	81
한 생명	82
오늘 나는 한 그루의 나무를 심겠습니다	83
늦은 깨달음	84
사랑하는 사람이 물었다	85
우주	86
다음 생에서는	88
노인… 청년을 만나다	89

아름다운 사랑	90
사랑 그 사랑만으로	91
우리가 오르려 하는 길	92
어느 날	94
너에게	95
나의 아픔을 그 누가 알까	96
희망으로 가는 길	97
개미	98
사랑이야	99
어른… 소녀를 만나다	100
푸르고 푸르던	101
당신 마음에 핀 나의 꽃을 사랑해 주세요	102
꽃에게 내일은	104
된장찌개	105
사랑의 집	106
주택 301호	107
빨간 장미	108

어느 여름날 냉장고 문을 열었더니	109
넘어져도 괜찮아	110
음악과 차와 꽃이 있다면	111
사랑이란 이유로	112
일곱 번째 사랑	113
꽃과 당신	114
미움보다 사랑을	115
사랑은	116
허무한 내 마음에 작은 웃음소리 울려 퍼질 때에	117
가을과 당신	118
우리는 알지 못하였네	119
올바른 사랑	120
아픔이 있기에 행복을 알고	121
공원 벤치에 앉아 나는 생각하며	122
기도와 포옹	124
아픔을 알지 못하여서	125

3부
작은 깨달음

때가 되면	128
거대한 바위	129
사람이 사람다울 수 있는 이유	130
살아가기 위하여 우리는	131
작은 식탁 위에서	132
현대인들의 성	133
진정한 친구는	134
헛된 꿈	135
눈물	136
로봇의 세상이 왔어요	137
산타클로스	138
삶과 땀	140
무덤	141
당신은	142

신께서는 무엇 때문에	144
행복한 사람	145
불행한 사람	146
다른 시선	147
식물에 퇴비를 주며	148
삶이 잉태한 것	149
작은 도구의 쓰임새	150
고민이 없다면	151
태초에 우리는	152
우리의 꿈	153
버려진 땅 위에 희망의 꽃 피어라	154
가면	156
사람은	157

4부

봄의 햇살

봄	160
별의 약속	161
당신의 하늘에 그림을 그려 보세요	162
위로의 봄	164
사람의 뒷모습	165
앙상한 나뭇가지에 새싹이 움틀 때에	166
우리가 원하는 삶은 봄이기에	167
카페테라스	168
바보상자	169
혁명가는 죽었다	170
내 마음을 헤아리다	171
사람의 온도	172
또다시	173
이어달리기	174

운명을 뛰어넘어	175
물	176
사람이기에	177
신이 주신 선물, 흙	178
문명의 발달은 이제 그만	179
하늘	180
꽃이여	181
축복의 노랫소리	182
꽃밭에 물을 뿌리고	183
순백의 아침	184
그래 나아지고 있어	185
반딧불	186
적당한 음주	188
잃어버린 나의 모습	189
살아 있다는 것은	190
나에서 우리가 될 때에	191
기쁨에 대하여	192

나뭇가지 위의 작은 집	193
악은 봄의 햇살을 두려워해	194
영혼의 굶주림	196
작은 부탁이에요	197
인생은 꿈과 같았어	198
봄의 빛은 그대이기에	199
우리의 영혼은	200
저편 저 언덕에	201

1부 포옹

냉정하지 않기

길가에 피어난 한 송이 꽃에게

푸르른 바다에게

검푸른 하늘에 별에게

지쳐 있는 내 삶에게

잿빛으로 걸어가는 이에게

이 세상의 소중한 그 무엇을 당신께 보여 주고 싶어요
그리하여 어두운 길 앞에 서 있는 당신에게
환하게 빛나는 한 줄기의 빛을 비추어 주고
그 희망의 길을 당신께 보여 주고 그 사랑의 길을 나는 일러
주어 세상에는 우리가 보지 못하는 커다란 사랑이 있다고 말
해 주며 나 또한 그러한 사람이었기에 당신에게 손을 내밀고
싶습니다
나의 손을 잡아 주세요 잿빛으로 걸어가는 그대여

하루를 여는 사람들

검푸른 밤의 하늘은 아침을 마주할 준비를 하고
어느 작은 집 창가에는 검푸른 하늘의 숨결인 이슬이 쌓여 갔다
순백의 아침이 다가오자 밤의 별빛은 해님에게 작별의 인사를 건네고
슬프고도 아름다운 우리네 인생의 여정이 시작됨을 알렸다

하루를 여는 사람들 곁에는
사랑, 가족, 슬픔, 외로움이 함께한다
우리는 이 벗들과 함께 인생의 시작점 앞에서 삶의 의미를
되새기며
인생이란 삶의 페이지 위에 그림을 그린다
오늘은 어떠한 일들이 우리에게 일어날까
오늘은 인생의 페이지 위에 어떠한 일들이 기록될까
슬프고도 아름다운 인생의 노랫소리가 오늘도 울려 퍼진다

노을빛이 내리는 퇴근길

초록색 잎사귀 위에 초록색 옷을 걸친 여치 한 마리가 보호색
을 띠고 앉아 있었다
신이 허락한 이 세상 위, 놀라운 생명의 세계가
내게는 선명히 비춰졌다
이 작은 생명조차도 살아가기 위하여 노력하는데
하물며
인간의 삶이란 얼마나 고독하고 외로운 것일까?
노을빛이 내리는 퇴근길에서 바라본 한 마리의 여치는
우리네 작은 인생이었다…

나답게 살기

나답게 살기로 했습니다
느리면 느린 그대로
부족하면 부족한 그대로

그저 나답게
앞으로의 인생을
살아 보려 합니다

내일의 선물

선물을 사려고 해요
과거라는 선물을

우리는 정해진 나날들 속에서
유한한 시간을 살아가는 사람이기에

과거로 돌아간다면 다시는
인생의 소중한 것들을 잃지 않기 위하여

퇴근길

해 질 녘
오늘도 어김없이 사람의 인파로 붐비는 버스 정류장에서 나는 버스에 오른다
지친 몸을 이끌고 집으로 돌아가는 길 속에
여러 가지 생각이 교차하는 길고도 짧은 시간
이 버스의 종착역에는 사랑으로 나를 기다리는
가족들이 있어
아. 사랑의 퇴근길이여
내일에도 마주할 아름다운 그 길이여

대폿집의 문을 열고

해 질 녘
지치고 힘든 퇴근길 시장 골목길을 돌고 돌아
대폿집의 문을 열고 정겨움으로 적셔진 공간에 앉아
따뜻한 국밥에 빨간 김치 그리고 뽀얀 막걸리 한잔
허한 내 마음 배불리 채우고
지금 이 순간 무엇이 더 필요하랴
여기 이곳에 사람들의 삶이 깡그리 모여 숨 쉬는데
인생 이야기를 하는 사람, 울고 웃는 사람들
모두 이곳에 깡그리 모여 꽃피우네 사람이 만들어 낸
인생이라는 보랏빛 슬프고도 아름다운
한 송이 인생이란 꽃

가난한 여름날에

가난한 삶을 살아가는 나에게
여름날의 햇빛은 가난이 무색할 만큼 아름답게 내 마음에 스며들고
여름 속에 지독한 이 가난은 내 마음을 비웃기라도 하듯이 내 정신을 좀먹고 있었다
그럼에도 불구하고 가난한 여름날의 햇빛과 아름다움들로 가득 찬 자연은 나의 가난을 녹이고
나를 푸르른 하늘의 푸른빛 희망으로 이끌어 가기에 부족함이 없었다

어여쁜 것만을

이 세상에 너에게만큼은 내게 있는
어여쁜 것만을 주고 싶어

너는 내게
어여쁜 사람이기에

슬픔 그 뒤에 오는 슬픔

누구한테도 말하지 못한 나의 슬픔은 또다시 나를 찾아온다
슬픔은 나를 떠날 때도 되었는데
슬픔 그 뒤에 오는 슬픔은 더욱이 슬프다

10초의 온기 포옹

울음을 터트렸던 어린아이는 엄마가 안아 주자
울음을 그쳤다
포옹 10초의 온기는
아이의 울음을 멈추게 한 위대한 사랑이었다

작은 기도

작은 기도의 목소리가 울려 퍼질 때에
세상은 아름답게 물들여지고
무릎 꿇고 기도하는 이들의 목소리가 세상에 고요히
물결쳐 파도가 일 때에 검은 구름은 물러가고
그들의 음성이 세상에 던져질 때에
평화로운 나날들이 되리니

기도와 사랑의 힘이여
밝은 빛으로 사람들의 마음을 일깨워라
구석진 모퉁이에서 울고 있는 자를 일으키며
가냘픈 힘으로 발길을 옮기는 이들을 일으키며
척박한 대지 메마른 땅 위에 희망의 물을 뿌려라
작은 기도 푸르고 푸른 평화의 꿈이 울려 퍼질 때에

지난날의 나에게

미안하고 미안해
지난날의 나에게…

위로는 사랑으로 흐르고

당신의 눈동자에서 흐르는
슬픔의 감정이 나에게도 흘러요
우리는 서로를 볼 수 없지만
당신도 나처럼
눈물이란 샘을 지니고 있을 테니까요

당신의
두 뺨에서 흐르는 슬픔의 조각은
우리의 눈물이기에
구석진 모퉁이에서 흐르는 슬픔의 조각은
우리의 여린 숨결이기에

슬픔의 목소리여 이제는 안녕
고통의 몸짓이여 이제는 안녕
이 세상 외로움으로 물든 그늘 아래
꽃피는 우리라는 씨앗
그곳에 내 작은 위로의 숨결 있을 테니

작은 후회

오랜 세월을 살아왔지만
아직도
나는
내가 무엇을 좋아하는지
무엇을 싫어하는지
잘 알지 못한다

별을 보라 찬란히도 빛나는 별들을

길을 걷다 넘어졌다면
일어나 반짝이는 별을 보라
찬란히 빛나는 별이 아름답지 아니한가

삶에 있어 실패했다면
고통 속에 머물고 있다면
사랑에 있어 아픔을 겪었다면

고개를 들어 별을 보라
반짝이는 빛 속에 무궁한 희망을
간직한 별들을

용서

남들과 다른 나를 미워했습니다
남들과 다른 나를 싫어했습니다

이제는 내 안의 나를 용서하기로 했습니다
누구보다 힘들었을 내 자신을

어느 날 슬픔이 찾아왔다

어느 날
기댈 곳 없는 내 자신을 발견했을 때

슬픔이란 친구는 내 마음의 방에
노크를 했다

나의 장애

할 수 없는 것보다
할 수 없다는 내 마음이
나를 내 세상에 가두었다

움츠린 내 마음은 기지개를 필 겨를도 없이
감기를 앓았다
나의 육신 나의 생각 속에서

봄의 빛

한 송이 꽃 피었네
붉은색 얼굴 수줍은 미소에 꽃 한 송이
봄빛 내리쬐는 그 어느 날

당신에게로 갈까요
어여쁜 장미꽃 손에 들고
빛의 길을 따라 그대에게로

삶의 무게에 힘겨운 당신에게

삶의 무게에
짓눌린 그대여
힘들었을 그리고 아팠을 당신의 마음
외롭고 쓸쓸했을 그 마음
견디고 견뎌야만 했던 무거운 무게
이러한 당신을 이해하려 합니다

이 세상에서 살아가고 있는 한 사람으로
또 한 누군가의 아버지, 누군가의 희망으로서
나는 당신을 볼 수 없지만 내 마음이 말합니다
당신의 손을 잡아 달라고
나의 손을 잡아 주세요 차디찬 그 손길을 놓치지 않도록

우리
봄빛이 완연하게 비추는 어느 날
고요히 물결이 흐르는 어느 호숫가에서
서로를 마주합시다
지난날의 슬픔을 잊고 웃음 띤 얼굴로

두려움 그것은

두려움 그것은
아직 일어나지 않았지만
우리는
그 안에 머문다

내 영혼을 다독이는 말

나로 인해 지쳐 있을 그리고 힘들었을
내 영혼에게 말을 건넵니다

그동안 힘들었지
이 정도면 잘 견뎌 냈어 라고

작은 웃음에 행복은 스며들고

밝은 얼굴로 활짝 웃어 봅니다
작은 행복함이 밀려옵니다

웃음은 행복이 되어
따스한 햇살처럼 내게 스며듭니다

웃음을 지었더니
내 얼굴엔 웃음꽃이 피어납니다

오늘 하루
참으로 행복합니다

바보처럼

나는 오늘도 바보처럼
내일 일을 걱정합니다
아직 일어나지도 않은 일들을

포옹

사랑하기 때문에
미워하기 때문에
서로가 서로를 이해하기 위하여 포옹한다

우리는 같은 인간으로서
서로를 안아 주고 서로를 이해하려 노력하며
그렇기 때문에 인류는 존재한다

포옹이 없다면
인류는 존재치 않으며
안아 주는 것만이 인류를 숨 쉬게 한다

너무 잘하려고 애쓰지 않아도 돼요

너무 잘하려고 애쓰지 않아도 돼요
최선을 다하려는 마음은 알겠지만
때로는 남들처럼 평범하게 사는 것도
인생의 한 방법이지 않을까요…

순리대로 살기

순리대로 살기로 해요
넘어지면 넘어진 대로
행복하면 행복한 대로

있는 그대로 삶을 받아들이며
살아간다면 인생의 발걸음이
조금은 가벼워지겠죠

괜찮아질 거예요

삶이 힘든 이유는 어쩌면 스스로를 다독이는
시간이 부족해서일 수도 있습니다
지금 스스로를 어루만지며 괜찮다고 말해 주세요
마법처럼 모든 일이 괜찮아질 거예요

인생을 사랑한다면

인생을 사랑한다면 지금 사랑하세요

인생을 사랑한다면 자신을 속이지 마세요

인생을 사랑한다면 시간을 낭비하지 마세요

상처

상처받는 것이 두려워
시작하지 않는다면

우리는 예전의 모습 그대로인
내 모습에 머물게 되지요

이제 용기를 갖고
상처 안에서 바깥세상으로 나와

또 다른 세상을 마주해 볼까요
용기가 불러오는 봄빛의 세상을

우리가 짊어진 무게

우리가 짊어진 무게는 무겁지만
우리는 그 무게를
포기하지 않아요

그 안에는
사랑으로만 지어진 가족이란 울타리의
집이 있기 때문에

어쩌면
그 무게는 사랑이고
희망일 테니

위대한 말

지금 사랑한다고 자신을 다독여 주세요
위대한 이 말은 당신의 영혼을 치유하고
더 나아가
당신의 얼굴에 작은 미소를 선물할 것입니다

사람은 외롭다

외로움은 사람이 지닌 본질
인간은 어느 누구나 외롭다

빗방울도 떨어지며 소리를 내듯이
외로움으로 인하여 사람은 소리를 낸다

외로움이란 고독 아래 가냘픈 사람이 있다
외로움은 사람이고 사람은 외로움이다

따뜻한 차 한잔이 주는 위로

공원 벤치에 앉아 텀블러에 애프터 눈을 담가 놓고
기다리는 시간은
제게 있어 행복한 시간입니다

마음속 씨름은 불어오는 바람에 씻겨 가고
지저귀는 새소리에 내 마음엔 행복이란
파도가 고요히 물결쳐 옵니다

차 한잔이 주는 위로는
어쩌면 물질로 채우는 행복함보다
보이지는 않지만 치유의 힘을 지니고 있습니다

시간이 물었다

시간이 물었다
너는 인생에서 가장 소중한 것이 무엇이냐고
지구가 대답했다
현대인들에게는 소중한 것이 있는지 잘 모르겠다고

삶이 힘든 가운데에서도

삶이 힘든 가운데에서도 앞으로 올 행복한 나날들을
생각하며 웃음 띤 얼굴을 지어 보세요
희망의 마음이 물결칠 것입니다

그 물결은 흐르고 흘러 먼 훗날
당신을 찾아올 거예요
그대가 희망이라는 불빛을 꺼트리지 않는다면

다시 처음으로

모든 것의 시작은 처음
혼란이 당신을 뒤덮을 땐

돌아가세요 처음으로

무지개

무지개처럼
우리네 인생도 화창할 수는 없는 거냐고
누군가 제게 묻습니다
저는 말합니다
무지개는 신비롭고 아름답지만
그 아름다움을 간직하기 위하여
"비와 바람을 견디고 견디어 낸 것이라고"

죽음을 배우기

우리 모두는 죽음을 배워야 하며
소중한 사람과의 이별을 준비해야 합니다
나는 오늘 죽음을 배웠습니다
앞으로 후회 없는 인생을 위하여

초록 들판에 내린 해 질 녘의 석양

초록 들판에 내린 오후의 석양은
돈이라는 거대한 물질을 허물기에 충분히 아름다웠다
우리는 돈이라는 사람이 만들어 낸 물질 앞에
삶이 흔들렸지만은
결국 당신과 나는 세상의 아름다운 그 무엇으로
돈이라는 거대한 성벽을 허물고 있었다

우리의 눈물

당신의 두 뺨에서 번지어 흐르는 눈물의 슬픔을
나는 느낄 수 있어요

당신과 나는 감정을 지닌 눈물을 간직한
사람이기에

그대여 슬픔의 눈물을 흘리십시오
그대여 행복의 눈물을 흘리십시오

우리의 눈물을
당신의 삶이 멈출 때까지

어른이 된 우리는

어른은
외롭고 쓸쓸했다
어른이라는 이유만으로
우리는 많은 것을 스스로 짊어져야 했으니깐

해 질 무렵 내 발길은 집으로 향하여 걷네

해 질 무렵
내 발길은 집으로 향하여 걷네
가진 것도 또한 없는 것도
무엇도 중요치 않는 곳으로

늦은 밤에

잠이 오지 않는 캄캄한 이 밤에
나에게 말을 건넨다

그동안 잘 견뎌 냈어
이 정도면 충분히 잘해 왔어 라고

이 작은 한 마디의 위로는
내 영혼을 쓰다듬었다

2부 사랑

사랑만이

사랑 그 사랑만이 어둠을 허물고

사랑 그 사랑만이 슬픔을 허물고

사랑 그 사랑만이 지구를 숨 쉬게 한다

꽃

어느 봄날
고요히 피어나는
너 한 송이 꽃이여

너만이
순수한 생명을 지니고 있구나
너 한 송이 꽃이여

지친 오늘 하루를 안아 줄게요

세상으로부터 힘들었을
외로움으로부터 힘들었을 당신을
그러한 당신을 내가 안아 줄게요

같은 인간으로서 감정을 느끼는
나이기에
당신을 이해하려 해요

지금은 추운 겨울에 서 있는 당신과 나이지만
언젠간 그 언젠가는 우리가 흘린 구슬땀이
희망의 길을 만들어 내고

우리를 위해 무릎 꿇고 기도하는 그 메아리는
당신과 나를 일으켜 세워 줄 거예요
그때까지만 기다려 봐요 추운 겨울이 지나갈 때까지만

꽃처럼

시린 바람을 묵묵히 견디고 견디어
어느 봄날 푸르른 새싹이 돋아나
드넓은 세상을 마주하는 꽃처럼

그대의 삶이여 이와 같아라
그대는 꽃이어라
어여쁜 한 송이의 꽃

아이스크림과 꽃

아이스크림을 먹는 너인데
너 때문에
아이스크림마저 꽃이 되었다

어른들에게 바라는 점

아이들에게 거짓말하지 않기

아이들에게 더 나은 세상을 물려주기 위해 노력해 주기

아름다움으로 깃들은 자연을 보존해 주기

초록빛

초록 초록한 자연과 식물들은 보기에 좋아요
푸르른 하늘과 시원한 바람도 그러하지요
자연은 사람의 아픔을 치유하며 좋은 것만을 주고 있습니다
인간은 초록빛 자연이 주는 소중함을 망각하여서는
안 됩니다
우리는 자연에서 얻는 것 이상의 가치를
지금이라도 깨달아야 합니다

한 생명

신께서는 태초에 한 생명을 창조하셨지만
그 생명의 마음에 움트는 수많은 생각과 마음으로 인하여
신과 한 생명은 멀어져만 갔습니다

오늘 나는 한 그루의 나무를 심겠습니다

오늘 나는 한 그루의 나무를 심겠습니다
좋은 흙이 있어 생명이 움틀 수 있는 그러한 곳에서
나무를 바라보며 생명의 의미를 알아 가고 싶어서
사람에게만 생명이 있는 것이 아니라
나무에게도 생명이 있다는 것을 느껴 보려고요
일상생활 속에서 무심코 지나치는 생명의 숨소리들을 앞으로
는 무심코 지나치지 않기 위해서

오늘 나는
한 그루의 나무를 심겠습니다
당신과 나를 위한 생명의 나무 한 그루를

늦은 깨달음

지구가 멸망하였습니다
당신과 나의 무지함으로 인하여
뒤늦은 후회를 하고 있지만
우리는 지금 지구에 살고 있지 않네요

우리는 자연이 주는 위대함을 그리고
사랑을 알지 못했습니다
우리는
그대와 나는…

사랑하는 사람이 물었다

사랑하는 사람이 물었다
살아가는 이유가 무엇이냐고
나는 대답 대신
그녀의 눈을 쳐다보았다
잠시 동안에 정적이 흐른 뒤
그녀는 나를 안아 주었다
따뜻했으며 아름다웠다 그녀의 영혼은
우리의 사랑은 서로의 영혼을 위로했으며
보이지는 않지만 서로의 심장을 연결했다
푸르른 하늘에서 내리는 흰 눈이 소복이 땅 위를 덮을 때
흰 세상에 수놓았던 우리의 영혼들을 나는 기억한다
그윽이도 나를 바라보았던 흰 눈처럼 순수한 그 눈망울을

우주

이 광활한 어느 공간에서 당신을 만나
우리는 서로의 눈망울을 바라봅니다
이 일은 분명 신께서 허락한 사랑의
돋움임이 틀림없습니다
내가 당신을 사랑하는 것처럼
우주 또한 그러합니다

당신과 나는 사랑이며 우주는 사랑의
씨를 꽃피우는 드넓은 평야입니다
지금 이곳에
우리가 곧 우주가 있습니다

다음 생에서는

엄마는 오늘도
내 걱정뿐이에요

엄마는 오늘도
내 생각뿐이에요

다음 생에서는
제가 엄마로 태어나려고요

이번 생에서는
사랑의 은혜를 갚지 못할 나임을 알기에

노인… 청년을 만나다

연약한 내 발걸음을 옮겨
어릴 적 등걸잠 자던 나의 모습을 찾아서
가려 하네 백발이 된 지금
이제와 무슨 소용이겠냐만은

가려 하네 떠나려 하네
외롭고 쓸쓸한
인생과 마주했던 젊은 날에 나에게
흐르는 두 뺨의 눈물 닦아 주러

아름다운 사랑

아름다웠다 그리고 행복했다
그대와 함께한 시간들은
나는 미소 지었고 그대 또한 미소 지었다
우리는 그렇게 서로를 사랑하였다

사랑 그 사랑만으로

삶을 살아간다는 것은 사랑을 하기 위함입니다
인생에 있어 사랑을 배제한다면 삶이란 미완성일 테니까요
조각처럼 흩어져 있던 그 무엇은 사랑으로 인하여
조각은 형체가 되고 형체는 뚜렷한 모양이 됩니다

지금 어느 누군가는 당신을 사랑하고 있습니다
우리 잠시만이라도 차가운 마음을 내려놓고
이 세상에 꽃피고 꽃피는 사랑을 보아요
사랑 그 사랑만으로

우리가 오르려 하는 길

우리가 오르려 하는 이 길은 가깝지만 멀리에 있는 듯 보입니다
추운 겨울이 지나가고 따스한 봄날을 마주하듯이
우리는 편견과 불평등에 맞서 싸워야 합니다
그 길 위에는 어려움이 따르겠지만 앞으로의 세상에 평화와 번영을 원한다면 그리고 희망한다면

우리는 맞서 싸워 올바른 목소리를 내야 합니다
세상은 빠르게 변화하고 각박해지고 있으며
그 속에서 우리는 꽃을 바라보는 시선을, 차 한잔을 음미하는 여유를 잃어버리고 있는 게 아닐는지요
삶에 있어 자기 자신을 발견하고 찾아가는 길은 중요한 요소들 중 하나입니다

스스로를 알지 못하면서 다른 무엇을 이해하고 알아 가기란 쉽지 않습니다
나를 알아 가고 나를 발견하고 내 모습을 만날 때 비로소 인간은 성장하지요
나를 알아 간다면 세상을 알아 갈 수 있다고 저는 생각합니다

나와 세상을 아는 것 그것은 세상을 변화시키는 일임을
어른으로서 잊지 않기로 해요
봄빛으로만 가득 찬 세상을 위하여
그 세상 아래 우리는 함께임을 잊지 않기 위하여

어느 날

어느 날
행복은 봄비처럼
쏟아져 내렸다

행복의 소중함을
스스로 깨달은
그 어느 날에

너에게

너에게 축복을
너에게 행복을
너에게 사랑을 줄게

지구가 당신에게 하는 말

나의 아픔을 그 누가 알까

나의 아픔을 그 누가 알까
내 마음 한편에 자리한 아픔을

희망으로 가는 길

밝은 빛을 내뿜는 너에게
나는 모든 씨름을 잊고 가야지
인생은 고통이라 하지만
고통 없이는 희망도 없는 법

희망의 빛 나에게 있어
내일의 나에게 꽃 한 송이 선물하고
희망의 노래 나에게 있어
내일의 나에게 밝은 웃음을 주려 하네

개미

개미가 있기에
꽃이 있기에
바다가 있기에

이 지구에 내가 있다

또한
내가 있기에
개미, 꽃, 바다가 숨 쉰다

세상의 모든 존재는
서로 사랑하여야 한다
그리고 함께한다는 것을 잊어버려서는 아니 된다

사랑이야

날 바라보는 너의 눈빛은
날 걱정하는 너의 모습은
날 생각하는 너의 마음은

사랑, 사랑이야

어른… 소녀를 만나다

어릴 적 엄마의 무릎에 누워서 스르륵 잠이 들곤 했던 어린 소녀를 만났습니다
아무런 근심도 걱정도 없이 달콤한 잠을 자던 스르륵 잠이 들던 나를

이제 어른이 되어 버린 소녀는 근심과 걱정 속에 살지만
힘이 들고 지칠 땐 어릴 적 소녀를 만나러
길을 떠나곤 합니다

푸르고 푸르던

푸르고 푸르던 나의 꿈
별처럼 빛나던 나의 꿈
두근두근 뛰던 꿈의 심장 소리

이제는
잠에서 깨어나렴
자! 이제 시작이다

당신 마음에 핀 나의 꽃을 사랑해 주세요

나의 눈물일까요
하늘에서 비가 내리옵니다
대지는 비로 물들어 갑니다

당신의 마음에 핀 나의 꽃이
그대의 사랑으로부터
잘 지내고 있는지

안부를 묻습니다

나의 꽃이 만개할 즈음에
꽃을 보러 가겠습니다

그때까지만 한 떨기 꽃을
사랑해 주세요

꽃에게 내일은

내일이 기다려지는 이유는
꽃이 있기 때문입니다

내일이 기다려지는 이유는
당신을 만나러 가기 때문입니다

내일이 오기 전

나는 오늘 당신을 만났습니다
나의 집 나의 마음 나의 기억 그리고 사랑으로

내일이 기다려지는 이유는 당신에게 갈 수 있는
내 마음이 있기 때문입니다

내일이 기다려지는 이유는 나에게 그대가 있기 때문입니다

된장찌개

어느 날 아침
엄마는 된장찌개를 끓이고 있었고
나와 누나는 분주히 직장에 나갈 준비를 했으며
아버지는 모닝커피를 마시며 신문을 보시고 계셨다

사랑의 집

우리는 사랑의 집에서 숨을 쉽니다
그리움과 슬픔 행복함이 만들어 낸
내 마음의 작은 집에서

주택 301호

무거운 발걸음이 향하는 곳
가벼운 발걸음이 향하는 곳
온전한 사랑의 물결이 고요히 파도쳐 흐르는
아. 내 영혼의 안식처여

빨간 장미

빨간 장미는 보기에는 아름답지만
만질 수는 없지요
사람 또한
상처로 자신을 둘러싸고 있는 사람에게는
안쓰러운 마음이 앞서겠지만
쉽게 위로의 말을 건넬 수는 없습니다

그저
기다려 주세요
상처받은 사람이
시간으로 아픔을 치유할 때까지만
빨간 장미꽃이
어여쁘게 꽃 피울 때까지만

어느 여름날 냉장고 문을 열었더니

어느 여름날
무더위가 기승을 부리는 7월 어느 오후
냉장고 문을 열었더니 수박, 복숭아, 밑반찬 등 여러 음식들이 즐비하였다
이 음식들은 팔이 아프다며 내게 하소연하던 엄마가
너는 언제 돈 많이 벌어서 소고기 사 줄 거냐고 호통치던
누나가 채워 놓은 사랑의 양식이었다
해 질 녘
나는 사랑의 양식을 먹으며 한 편의 아름다운 시를 써 내려가고 있다

넘어져도 괜찮아

넘어져도 괜찮아
사랑 그 사랑이 너에게 손 내미니깐

넘어져도 괜찮아
희망 그 희망이 너에게 손 내미니깐

인생에 있어서 넘어져도 괜찮아
넘어지지 않으면 일어서는 법도 모를 테니깐

그저 다시 일어서면 돼
진심은 쓰러지지 않으니깐

음악과 차와 꽃이 있다면

당신의 영혼은 굶주리지 않습니다
음악과 차와 꽃이 있다면

사랑이란 이유로

잿빛으로 저무는 좁은 길에서 나는 희망으로 빛나는
넓은 길로 발길을 옮기는 그저 못난 사람일 뿐
단지 사랑이란 이유로
나는 발길을 옮기려 합니다

일곱 번째 사랑

첫 번째 사랑은 당신을 사랑하는 것이었고
두 번째 사랑은 당신을 미워하는 것이었고
세 번째 사랑은 당신을 그리워하는 것이었고…

일곱 번째 사랑은 아직도 당신을 사랑하고 있다는 것입니다
사랑은 지구에서 유일하게 배척당하지 않는 생명체
우리 모두가 누군가를 사랑한다
우리 모두가…

꽃과 당신

나는 꽃과 당신을 사랑합니다
힘든 이 세상 울안에서 꽃과 당신만이 나를 미소 짓게 만드니까요

미움보다 사랑을

미움보다 사랑을
인생은 짧기에

사랑은

사랑은
태어남과 죽음 사이에서
생명을 나타내는 것

사랑은
꺼져 가는 등불 속에서도
불빛을 이어 가는 것

사랑은 유한한 시간 속에 존재하고
영원할 수 없는 것
그러므로 우리는 사랑하여야만 한다

허무한 내 마음에 작은 웃음소리
울려 퍼질 때에

허무한 내 마음에 작은 웃음소리 울려 퍼질 때에
외로운 내 마음에 작은 목소리 울려 퍼질 때에
내 마음이란 작은 텃밭에 고요한 행복의 바람이 일 때에
당신이었습니다

그 목소리 그 사랑은

가을과 당신

단풍이 곱게 물든 가을이 찾아왔는데
그대는 지금 어디 가고
아. 날 사랑한 사람 그대였는데
쓸쓸한 내 마음에 님의 얼굴 떠오를 때면
먼 숲속 지저귀는 귀뚜라미 소리
내 마음을 위로하는가
또다시 찾아온 사랑이 수놓은
가을 하늘 아래
우리 둘만의 발자국 소리를

우리는 알지 못하였네

우리는 알지 못하였네…
이기심이라는 욕심으로만 가득 찬 나라는 사람 때문에
부모가 준 사랑 자연이 준 커다란 사랑을

올바른 사랑

올바른 사랑은 사랑만을 주는 것이 아니라
사랑하는 방법을 가르쳐 주는 것입니다

아픔이 있기에 행복을 알고

아픔이 있기에 행복을 알고

고통이 있기에 즐거움을 알고

슬픔이 있기에 사랑을 알고

공원 벤치에 앉아 나는 생각하며

공원에서 만난 아이들은 함박웃음 띤 얼굴로 나를 마주하였다
가진 것도 없는 것도 이곳에서는 중요치 않았다
햇살이 밝게 비추는 어느 날 나는 공원 벤치에 앉아
뛰노는 어린아이들을 바라보았고
그들은 천진난만한 얼굴로 밝은 미래를 바라보며
뛰놀았다

빠르게 변화하는 세상에서 우리의 일상은
점점 더 각박해져 가고 있으며
빠르게 변화하는 세상은 일상 속의 아름다움과
작은 것에 깃든 소중한 무엇을 빼앗아 가려 하지만
우리는 깨어나고 깨어나 작지만 위대한 힘들을 지닌
그 무엇들을 지키려 해야 한다

그렇지 않다면 먼 미래의 웃음은 사라질 것이다
나는 이 작은 벤치에 앉아 우주를 본다
그것은 내가 할 일이며 더 나아가 어른이 해야 할 일인 것이다

기도와 포옹

누군가 당신을 위한 기도를 하고 있습니다

기도의 힘이여 메아리쳐라
포옹의 힘이여 메아리쳐라
그리하여 온 세상 사랑을 마주하라

사랑의 힘
기도와 포옹의 힘
꽃피워 열매 맺으라 온 세상 가득히

아픔을 알지 못하여서

나는 아픔을 그리고 슬픔을 알지 못하여서 행복해요
때로는 알지 못한다는 것이 행복해요
때로는…

3부 작은 깨달음

때가 되면

때가 이르렀을 때 낙엽은 떨어지고
때가 이르렀을 때 꽃잎은 떨어지고
때가 이르렀을 때 사람은 흙으로 돌아간다

산다는 것은 죽는다는 것
아는가 그때에 이르기 전
당신이 해야 할 일들을 당신은 아는가

거대한 바위

거대한 바위에 우리는 계란을 던지기 시작했다

거대한 바위에 우리는 목소리를 던지기 시작했다

세월이 흐르고 바위는 부서지기 시작했다

사람이 사람다울 수 있는 이유

눈물을 지녔기 때문

하반신 때문

언젠가는 죽는다는 죽음 때문

살아가기 위하여 우리는

살기 위해서 어느 한 노인은 하루에 반나절 이상
구슬땀을 흘리며 폐지를 줍고

살기 위해서 어느 한 도둑은 어두컴컴한 밤에
남의 집에 담을 넘고

살기 위해서 어느 한 청년은 벽돌을 몸에 얹고 공사장에서 계
단을 오르고

살기 위해서 우리는 각자 다른 방법으로 세상을
헤쳐 나간다

모두가 단지
살아가기 위하여

작은 식탁 위에서

작은 식탁을 둘러싸고
밥을 먹을 때에
이토록
신비한 우주가 내 앞에 있다는 것을
나는 느끼지만 나만이 알 뿐입니다

흙에서 자라나는 당근
발효의 신비를 거쳐 만들어지는 된장
나와 태어남 그리고 살아온 삶이 다른 사람들
작은 식탁을 둘러싸고 이야기를 나누는 사람들
해 질 녘 즐거운 시간 속에서 나는 작은 우주를 봅니다

현대인들의 성

현대인들은 자신의 생각에 갇혀 자신만의 성을 쌓고
그 성은 견고하고 견고하여 허물기에 어려움을 겪는다

진정한 친구는

사람은 자신의 가면을 벗기 전에는 진정한 친구가 될 수 없다

헛된 꿈

우리는 헛된 꿈을 안고 살아가기에
스스로에게 상처를 준다

눈물

눈물은 거짓 없이 흐르는 순수함의 결정체
사람이 솔직하다는 말은 눈물을 간직하였기 때문

로봇의 세상이 왔어요

2040년 로봇의 세상이 왔어요
모든 대부분의 일들을 로봇이 대신하고 있네요
사람이 지닌 감정의 일들을 제외하고…

산타클로스

어릴 적
아빠는 산타클로스가 있다고
말씀하셨지만 성인이 되어 버린 나는 이제 그 말을
믿을 수 없다
검은 밤하늘처럼 변해 버린 나의 마음 때문일까

어릴 적
선생님은 공부를 열심히 하면 꼭 성공할 수 있다고 말씀하셨
지만 성인이 되어 버린 나는 이제 그 말을 믿을 수 없다
성공하지 못한 내 모습 때문일까

어릴 적
코흘리개 나의 모습은
어디에 갔는지 나는 성인이 되어 버렸지만
나의 모습을 찾을 수 없었다

삶과 땀

삶과 땀은 떼어 놓을 수 없는 오누이 같은 사이
삶이 말해 주는 것은 삶은 긴 여행의 여정
땀이 말해 주는 것은 인간의 참모습

삶과 땀 오누이는
서로를 의지하며 인간의 참모습을 찾아가는
삶의 긴 여정의 길을 걷고 있다네

무덤

먼 훗날
당신은 사망하였습니다
사랑하는 이에게
당신의 사랑을 다 주지도 못한 채

당신은

당신은
진정으로 당신이 원하는 삶을 살아가고 있습니까?
이 물음에 답할 수 없다면
그것은 당신의 삶이 아닐 수 있습니다
타인 혹은 당신의 이기심이 불러온 삶일 것입니다
더 이상 후회하지 않도록
지금 당신만의 삶을 살아가시길…

신께서는 무엇 때문에

비가 내릴 때에도 내리는 비를 볼 수 있고
눈이 내릴 때에도 내리는 눈을 볼 수 있지만
사람의 마음만큼은 보이지 않는다
신께서는
무엇 때문에 사람의 마음을 만들었을까
보이지도 않는 마음을

행복한 사람

어떠한 상황에서라도 본연의 웃음을 잃지 않는 사람은
행복한 사람
웃음은 사람이 가진 가장 강력한 힘

불행한 사람

불행이란 가난한 자의 것이 아니며
불행이란 병든 자의 것이 아니며
불행이란 단지 그 말을 믿는 자의 것일 뿐

다른 시선

당신과
나는 다른 시선을 지녔기에 서로가 다를 수밖에
없습니다
그 시선을 좁히기 위하여 우리는 대화를 하고 차를 마시고
때로는 술을 필요로 하기도 하지요
살아온 인생이 다르듯이
우리네 인생도 다를 수밖에 없음을 서로가 이해하여야 합니다
우리는 거대한 지구 안에서 살아가는 공동체이므로

식물에 퇴비를 주며

메마른 땅 위에 씨를 뿌리고 물을 주고
긴긴 시간의 기다림 끝에
흙 속에 작은 생명은 초록빛 새싹을 움트며 내게 인사를 건넨다
그 식물들은 자라나고 자라나
우리에게 소중한 양식을 주고
우리에게 자연의 신비를 일깨워 주는 작은 선물을 주었다

삶이 잉태한 것

삶이 잉태한 것은 사랑, 슬픔, 상처, 고통 등… 이다
이러한 것들을 제외한 삶은
있을 수 없다

작은 도구의 쓰임새

의사는 사람을 살리고
도둑은 사람을 위협했다
두 사람은 작은 도구를 가지고
서로 다른 인생을 살았다
사람은 마음을 지니고 살며
어떤 마음을 지니고 살아가는가에 따라
미래를 결정지었다

고민이 없다면

고민이 없다면 우리는 생명체가 아닐걸
고민은 우리의 벗

태초에 우리는

태초에 우리는 아무것도 없었다
그러므로 흙으로 돌아갈 때에
무엇도 없으니

무어라 인생에 헛된 꿈을 꾸는가
다만 인생의 죽음 앞에 이르렀을 때에
살아온 여정에 대하여 후회는 없기를

우리의 꿈

우리의 꿈은 그리 대단한 것이 아니에요
우리의 꿈은 그저 사랑하는 가족과 함께 건강히
살아가는 것
당신과 나의 꿈은 그러합니다

버려진 땅 위에 희망의 꽃 피어라

무관심으로부터 버려진 땅에서는 식물이 자라나지 않듯이
약자라는 이유로 소외받은 사람의 마음에서는
희망의 꽃이 움트기가 쉽지 않습니다
당신과 나는 이 지구에서 살아가는 공동체이기에
약자의 음성을 모른 체하여서는 안 됩니다

우리가 힘을 모아
무관심으로부터 버려진 땅에 물을 주고 씨를 뿌려
한 떨기의 꽃을 피게 해요
그리고 약자의 목소리를 기억하고 또 잊지 않기로 해요
그것이 어른으로서 우리가 해야 할 일임을
기억합시다…

가면

내가 쓴 가면을 너도 썼구나

사람은

사람은 많은 잘못을 저지르지만
그 잘못을 알지 못한다
만약 그러한 잘못을 거울을 보고 반성하는 자는
먼 훗날 사람들의 스승이 될 것이다

4부 봄의 햇살

봄

봄이 오는 소리가 들릴 때쯤에
겨울이 그리워지는 까닭은
또다시 겨울을 마주한다는 기약이 없기 때문
삶이란 앞날의 일을 알 수 없는 것이기에
나는 오늘 당신에게 사랑한다는 말을
하겠습니다

별의 약속

검푸른 밤하늘의 별빛이 약속했습니다
저녁노을이 질 때쯤
다시 나를 찾아온다고
그러한 밤하늘의 별빛을
나는 오늘도 기다립니다
무궁한 공간 속에서 희망의 목소리를 내는
반짝이는 밤하늘의 별을

당신의 하늘에 그림을 그려 보세요

당신의 하늘에 한 폭의 그림을 그려 보세요
당신이 원하는 삶의 모습을
언젠간 그 언젠간 그대가 마주할 꿈을
불타오르는 열정과 사랑의 붓을 들고서

위로의 봄

위로의 봄이 우리를 찾아왔습니다
푸르게 높은 봄의 하늘은 선명하기도 선명해
나의 작은 손에 잡힐 듯 아름답기 그지없고
싱그러운 꽃향기는 내 생명에 새로운 힘을 더해 줍니다
여름이 오기 전 봄이 내게 말을 건넵니다
봄의 빛을 아느냐고
봄의 행복을 아느냐고
봄이 내게 말을 걸어오는 걸 보니 나는 아직 봄을 알지 못했
나 봐요
오늘 하루는 봄의 하루를 마주하려 합니다
내 괴로움을 내려놓고 봄이 말해 주는 세상을

사람의 뒷모습

사람의
뒷모습은 그 사람의 마음을 대변하기에
오늘도 나는 수많은 사람들의 뒷모습을 바라봅니다
오늘 하루
지치고 힘들었을 그들의 마음을

앙상한 나뭇가지에 새싹이 움틀 때에

봄빛이 고요히 내려오는 그때에
앙상한 나뭇가지에 푸르른 새싹이 피어날 그때에
먼 숲속 들려오는 지저귀는 새소리
봄의 향연을 노래하네
이토록 아름다운 생명의 태어남을
놀랍고도 놀라운 봄의 세계를

우리가 원하는 삶은 봄이기에

우리가 원하는 삶은 마치 봄과 같았기에
우리는 봄의 길을 따라 발길을 내딛습니다
언젠가 그 언젠가 마주할 봄의 빛을 위하여

당신과 내가 고통 속에 존재함은 봄을 보기 위함이고
당신과 나의 불완전함은 봄의 길을 걷기 위함입니다
아. 찬란한 봄의 빛이여 내게로 오라 빛이여 내게로 오라

카페테라스

카페테라스에 봄의 햇살이 있고
카페테라스에 슬픔과 기쁨이 있고
카페테라스에 목소리가 있다

여기 이 작은 땅 위에 누군가는 카페테라스를 일구고
여기 이 작은 땅 위에 우리는 함께 머물고
테라스 이 작은 사랑의 도시에서 우리는 사랑을 이야기했다

이곳은 보일 듯 보이지 않는 사랑의 전쟁터
이곳에는 우리를 묶는 인연의 실타래의 끈이 있다
외로움으로 만들어진 가냘픈 끈이…

바보상자

진실은 묵인되고 증발되는가
저 작은 바보상자 안에서 저 네모난 상자 안에서
봄의 노랫소리는 그렇게 사라지는가
우리의 힘으로 일군 우리의 목소리는

혁명가는 죽었다

두려움 앞에서

물질 앞에서

바위 앞에서

내 마음을 헤아리다

오늘 나는 내 마음을 헤아리려 합니다
이 작은 마음을 헤아려 아픔을 덜어 주기 위해서
나는 무엇 때문에 고통받는지
나는 무엇 때문에 슬퍼하는지
마음에게 물어보니
마음은 대답합니다
고통과 슬픔은 나로부터 왔음을
그러한 마음을 나는 모르고 있었다고

오늘 나는 내 마음을 헤아렸습니다.
나 때문에 힘들었을 내 작은 숨결을

사람의 온도

사람들의 온도는 차가워서 다가가기가 힘들어
나도 그들처럼 다른 사람에게 그랬던 것일까…

또다시

나는 바보처럼
또다시 사랑을 시작해
빗방울처럼 투명하고 아름다운 사랑을
그해 어느 봄날에

이어달리기

어렸을 적 수없이 듣던 엄마의 이야기가
마치 이어달리기를 하듯이
내 삶의 한 페이지에서 머물고 있었다
거짓말을 하지 말라고 하셨던
정직하게 살라고 하셨던
게으름을 피우지 말라고 하셨던
다시 만날 수 있을까
이어달리기를 하듯이 보고픈 엄마를

운명을 뛰어넘어

태어남이 정해진 것이라면
죽는 것 또한 정해진 것
운명을 거스를 수는 없지만 운명에 맞설 수는 있는 법

나약함을 지녔다면 강해지기 위해 노력하고
가난함을 지녔다면 부자가 되기 위해 노력하고
건강이 좋지 않다면 건강을 위해 노력하면 된다

운명과 맞설 수 있는 용기는
자신을 바꾸고 또한 세상을 바꾼다
운명과 맞서라 세상에 모든 이여

물

한 잔 물의 소중함을 안다면

한마디의 말에 고마움을 안다면

한 끼 식사의 위대함을 안다면

세상은 보랏빛일 텐데

사람이기에

사람이기에 가능했다
슬픔의 소리를 들어 준다는 것은

사람이기에 가능했다
기쁨의 소리를 들어 준다는 것은

사람이기에 가능했다
누군가를 그리워하는 것은

사람이기에 가능했다
누군가를 사랑한다는 것은

신이 주신 선물, 흙

네가 먹는 것은 흙으로부터 왔음을 나는 알고 있다
네가 싸는 것은 흙으로 돌아간다는 것을 나는 알고 있다
때 되어 나의 숨이 다할 때 나는 흙으로 돌아간다

어쩌면 흙은 우리가 알고 있는 것보다
천 백년 이상 우리의 조상인 것이다
흙이 있기에 내가 있는 것이었다

문명의 발달은 이제 그만

문명의 발달은 이제 그만
인류가 발전한다는 것은 곧 우리가 죽어 간다는 것

하늘

하늘은 푸르렀다
오늘도 내일도
하늘은 그랬다
언제나 우리에게 환한 얼굴로 인사를 건네고 있었다

꽃이여

한 송이 꽃을 보기 위하여 나는 긴긴 시간을 기다렸네
한 송이 꽃을 보기 위하여
꽃이여 나의 기다림을 아는가
꽃이여 나의 사랑을 아는가
우주가 이어 준 우리의 만남을

축복의 노랫소리

지치고 힘든 내 영혼을 위해 저 태양은 노래하네
지치고 힘든 내 영혼을 위해 저 별빛은 노래하네
지치고 힘든 내 영혼을 위해 저 바다는 노래하네

오직 우리를 위해 세상은 노래하네
축복의 노랫소리여 세상을 아름답게 물들여라
영혼을 어루만지는 노랫소리여 아 그 소리여

꽃밭에 물을 뿌리고

오늘은 쉬는 날
꽃밭에 물을 뿌리고 서재에 앉아 글을 쓰고 밀가루를 개어 파와 김치, 해산물을 썰어 넣은 뒤 부쳐 먹어야지 막걸리와 함께
아. 행복하여라 작은 것으로부터 오는 즐거움이여

순백의 아침

새벽녘
순백의 아침
고요히 내게 찾아든 세상은 어느 그 무엇보다도
아름다우며 신비로움으로 가득 차 흐르고 있다
그러한 아침을 마주하기 위해 나는 살아간다
자연은 항상 그렇게 평온하고 아름다웠다
이러한 자연을 이끄시는 이가 있다는 것을
나는 매일 아침 순백의 아침을 보며 느낀다
놀랍고도 놀라운 아침의 세상을

그래 나아지고 있어

그래 나아지고 있어 나의 아픔이
그래 나아지고 있어 나의 슬픔이
그래 나아지고 있어 나의 고통이

봄의 햇살 아래서
나로서
나를 만날 때 비로소…

반딧불

바람결 따라 날아가
아픔이 있는 자에게로
슬픔이 있는 자에게로

찾아가 줘
그리고 그들에게
속삭이며 말해 줘

너를 위해
내가 왔노라고

적당한 음주

적당한 음주는 좋은 것
나를 상상의 세계로 안내하기도 하고
때로는 온 세상을 내 것으로 만들기도 하니깐

잃어버린 나의 모습

힘겹고 또 힘겨운 이 세상 울안에서
나의 모습을 잃어버렸어
다시 찾을 수 있을까
나의 모습을

살아 있다는 것은

살아 있다는 것은 숨을 쉰다는 것
숨을 쉰다는 것은 사랑하는 이를 볼 수 있다는 것
이보다 좋은 것이 세상에는 존재할까

나에서 우리가 될 때에

나에서
우리가 될 때에 우리는 수많은 것들을 해낼 수 있습니다

기쁨에 대하여

살아 있어서 기쁘다 단지 살아 있어서
이 같은 행복은
살아 있음에 오는 것

나뭇가지 위의 작은 집

나뭇가지 위의 작은 생명체는 작은 집을 일구었다
그 집안에는 따듯한 온기가 있고
그 집안에는 목소리가 있으니
어느 누구도 이 집을 해하여서는 아니 된다

악은 봄의 햇살을 두려워해

봄의 햇살은 잠자던 영혼을 일깨우기에 충분히 아름다웠고
봄의 햇살은 죽어 가던 영혼을 일으키기에 충분히 위대하였다

영혼의 굶주림

당신의 영혼이 굶주리고 있다는 것을 당신은 아십니까?
그대들이 만들어 낸 그 무엇으로 인하여
문명은 사람들의 영혼을 빨아먹으며 성장해 나가고
우리의 영혼의 힘은 점점 나약해지고 있다는 것을
그대들은 아시나요…

작은 부탁이에요

작은 부탁이에요
좋은 것만을 생각하지 말아 주세요
때로는 힘든 역경도 마주한다는 것을 알았으면 해요
고난과 땀이 없는 인생은 죽은 것과 같으니까요

인생은 꿈과 같았어

인생은
마치 놀이공원에서 청룡열차를 타는 것 같았어
두렵기도 했으며
설레기도 했으며
때로는 기쁨이 날뛰기도 했으니깐
인생은 마치 꿈과 같았어

봄의 빛은 그대이기에

봄의 햇살
봄의 노래
봄의 아름다움은 모두 그대

당신이 없는 봄은 없을 테니

우리의 영혼은

오늘도 우리의 영혼은 새벽빛을 느끼며 깨어났어요
바람과 태양 그리고 살아 있음에 대한
세상의 온기를 느끼기 위하여
살아간다는 것은 종착점이 있는
길고 긴 여행길 그 길 앞에 우리는 진실을 추구해야 하며
영혼이 올바르게 숨 쉴 수 있도록
노력해야 해요
오늘도 우리의 영혼은 세상의 온기를 마주하기 위하여
깨어났어요

저편 저 언덕에

저편 저 언덕에 희망의 꽃 피어 있다면
저편 저 언덕에 사랑의 노래가 흐른다면
저편 저 언덕에 그대의 목소리가 들려온다면

아직 우리는 꿈을 꾸고 있다는 것
그 꿈을 마주하기 위하여
걸어가리라 그저 걸어가리라